CONOCE AL DIOS VERDADERO

JEHOVÁ TIENE UN MENSAJE PARA TI

Rodríguez, Marisela
Conoce al Dios verdadero: Jehová tiene un mensaje para ti / Marisela Rodríguez; edición literaria a cargo de Luis Pedro Videla
1ª ed. - Buenos Aires: Deauno.com, 2010.
92 p.; 21x15 cm.
ISBN 978-987-1581-66-5
1. Religión. 2. Cristianismo. I. Videla, Luis Pedro, ed. lit. II. Título
CDD 230

Queda rigurosamente prohibida, sin la autorización escrita de los titulares del copyright, bajo las sanciones establecidas por las leyes, la reproducción total o parcial de esta obra por cualquier medio o procedimiento, comprendidos la fotocopia y el tratamiento informático.

© 2010, Marisela Rodríguez
© 2010, Deauno.com (de Elaleph.com S.R.L.)
© 2010, Luis Videla, Edición Literaria

contacto@elaleph.com
http://www.elaleph.com

Para comunicarse con la autora: mm2309@hotmail.com

Primera edición

ISBN 978-987-1581-66-5

Hecho el depósito que marca la Ley 11.723

Impreso en el mes de mayo de 2010 en
Docuprint S.A.,
Buenos Aires, Argentina

Marisela Rodríguez

Conoce al Dios Verdadero

Jehová tiene un mensaje para ti

deauno.com

Contenido

Introducción

A FINALES DEL año 2008 el Señor me envió a la ciudad de New York con varios propósitos: uno de ellos era Evangelizar a personas que lo único que conocían de Dios, era que existía un Dios pero nada acerca de Él, de su Amor, su Misericordia, sus Propósitos y su Justicia. Por lo tanto sentí en mi corazón que antes de hablarles del Evangelio (Buenas Nuevas) debía hablarles del dador de este evangelio, Jehová, Dios de los ejércitos.

Es del Dios Verdadero que quiero hablarte en este libro, el cual lo dedico muy especialmente a los pobres, los necesitados, los desamparados, los encarcelados, los cautivos, los abatidos, los de corazones tristes, las viudas, los huérfanos, y todo aquel que quiere conocer al Único Dios Verdadero, Justo, Consolador y Amoroso.

Quiero que sepas que Dios te ama inmensamente y que anhela ser tu padre, cuidarte y guiarte. Él quiere, y desea tener una relación única, profunda, íntima, personal e individual contigo. Dios quiere regalarte bendiciones eternas. Él quiere que seas libre, que tengas paz y que seas Feliz cada día de tu vida y eternamente.

Oro para que el conocimiento de Dios y su amor penetren en tu mente y en tu corazón a través de estas palabras y que al terminar de leer este libro haya una esperanza viva y permanente en ti. Deseo que te deposites en sus brazos para recibir todo el amor, la guía y las bendiciones que Dios quiere darte para que tengas una vida plena.

Parte 1

El Dios Verdadero

Pregunté a mi Señor: ¿Qué quieres que ellos conozcan de Ti? Y ésta fue la respuesta que me dio:

Jehová es un Dios BUENO, FIEL y JUSTO

Jehová es un Dios de AMOR, PROPÓSITOS y JUSTICIA.

Jehová es un Dios que obra con AMOR, MISERICORDIA y JUSTICIA.

Lo primero que quiero compartir contigo es su nombre. El nombre de Dios es **Jehová** (Éxodo 3:15). En algunas partes lo veras escrito en el idioma hebreo, **Yahveh.** Dios significa ídolo, de los cuales existen muchos, pero sólo uno verdadero. Por lo tanto es importante que conozcas el nombre del Dios Altísimo, Supremo, Sublime, Asombroso, Majestuoso, Imponente, Dios de dioses (Deuteronomio 10:17). A lo largo de la palabra de Dios (La Biblia) se nombran muchos adjetivos o calificativos para referirse a Dios, los cuales nos ayudan a conocerlo mejor y de los cuales estaré compartiendo contigo a lo largo de este libro.

¿QUIÉN ES DIOS?

Y respondió Dios a Moisés: YO SOY EL QUE SOY.
Y dijo: Así dirás a los hijos de Israel:
Yo Soy me envió a vosotros.
(Exodo3:14)

YO SOY EL QUE SOY: De esta manera se presento al profeta Moisés. El profeta Daniel lo describió como un *Anciano de Días* (Daniel 7:9). Dios es el creador de los cielos y la tierra (Genesis 1:1). Dios creó todo lo que en ellos existen, creó el ser humano, a ti y a mí. Nos creo con amor para su gloria (Isaías 43:7), para que habitáramos la tierra y seamos felices en ella. Todo lo que Él creó en la tierra lo creó para nosotros.

A pesar de que el hombre pecó (desobedeció a Dios), por lo cual perdió el señorío sobre la tierra y se inicio una separación entre Dios y el hombre, aún así Dios no dejo de amarnos y de valorar las buenas cualidades que había en el hombre: La Fe, La Humildad y La Mansedumbre, entre otras. Dios dio a conocer su amor y su misericordia al hombre con promesas y pactos a lo largo de la historia humana y nos dio una nueva oportunidad de reconciliarnos con Él, de poder acercarnos a Él y establecer una relación de padre a hijo por medio de su hijo **Jesús**.

El Dios de Israel (Levíticos 26:12) Israel fue el pueblo que Dios escogió como suyo y aunque este pueblo le falló en muchas ocasiones, aún así su amor y su misericordia no se aparto de ellos y en todas estas ocasiones Dios los Juzgo con juicio justo, y en el momento que ellos se arrepentían Dios los perdonaba.

Dios no sólo ha mostrado misericordia para su pueblo Israel, sino que también para todo linaje, lengua, pueblo y nación (Apocalipsis 5:9). Él mostró su amor enviando a su hijo Jesucristo para que todo aquel que en Él crea y lo confiese como su Señor alcance salvación (Romanos 10:9-10), vida eterna, perdón de pecados, restauración y más.

Dios es Santo (Levíticos 11:44) (limpio, puro) Él es perfecto en todos sus atributos. **Dios es Inmutable** (Exodo 15:18) (Eterno) ha existido y existirá por siempre. Aunque en muchas ocasiones en la Biblia Dios es descrito con partes humanas: ojos, boca, oídos, manos, pies (Éxodo 33:22-23), **Dios es Espíritu** (Juan 4:24) por lo tanto aunque Él nos permita sentir su presencia mediante el poder de su Espíritu Santo, no podemos verlo ni tocarlo. Por esto Dios obra a través de personas sinceras y dispuestas a obedecer.

Dios está en los cielos, es el lugar donde vive. El mismo Salomón, hijo del rey David, quien edificó templo a Jehová, en el momento de la dedicación del templo reconoció y exclamó: *Pero ¿es verdad que Dios morará sobre la tierra? He aquí que los cielos, los cielos de los cielos, no te pueden contener; ¿cuánto menos esta casa que yo he edificado?* (1ª Reyes 8:27). Por lo tanto sabemos que Dios mora en los cielos y que no es posible que habite en la tierra sino sólo a través del poder de su Espíritu Santo. Esto no quiere decir que sea imposible ver a Dios, ya que en su palabra Él promete que los limpios de corazón lo verán (Mateo 5:8).

El salmo 139, escrito por el rey David, expresa claramente la Omnipresencia y la Omnisciencia de Dios. **Dios es Omnipresente** puede estar en todos lados al mismo tiempo. No hay lugar donde podamos escondernos de Él. Dios todo lo ve, todo lo escudriña, hasta lo más profundo de tú corazón.

Dios es Omnisciente toda sabiduría está en Él y todo lo hace de manera correcta, Él no se equivoca. Dios todo lo sabe, todo lo conoce hasta los secretos más escondidos de nuestros corazones, conoce los pensamientos del hombre. Dios conoce nuestra condición humana, nuestros defectos, virtudes, debilidades, nuestras obras sean buenas o malas. Dios nos conoce desde que somos un embrión en el vientre de nuestras madres (Salmos 139:13-16). Él conoce los tiempos y todos sus acontecimientos pasados, presentes y futuros. No hay quien alcance el entendimiento, la sabiduría, y el conocimiento de Dios.

Es importante que entendamos que nada de lo que hacemos está oculto para Dios. Podemos engañar y mentir al hombre pero a Dios es imposible engañarlo. Podemos engañarnos a nosotros mismos y pretender que estamos bien en todo, que todo es perfecto en nuestro caminar pero eso al fin de cuentas se sabrá, ya que nada quedara oculto debajo del sol, nada quedara escondido, todo será manifestado, todo saldrá a la luz (Marcos 4:22). Es más inteligente reconocer nuestras faltas delante de Dios para alcanzar su misericordia, su perdón y su restauración. Es de sabios temer a Jehová.

Dios es Omnipotente no hay nada imposible para Él (Lucas 1:37). Jehová todo lo que quiere lo hace, en los cielos y en la tierra, en los mares y en todos los abismos. Esta es una característica de Dios que debe permanecer en nuestras mentes y en nuestros corazones, debemos alimentarla cada día. No hay nada que le pidamos a Dios que Él no pueda hacer, pero debemos tomar en cuenta que para que Dios cumpla nuestras peticiones debemos pedir y al pedir, hacerlo con sabiduría. El que Dios no nos conceda algunas peticiones no quiere decir que Él no las pueda cumplir o que no nos la quiera cumplir, es sólo que debemos pedir de manera correcta y por motivos correctos, confiando en que Dios sabe lo que más nos conviene.

Si amas a Dios y confías en su palabra, entonces debes establecer que todo lo que pase en tu vida, Dios lo usara para bien tuyo (Romanos 8:28). Por más mala que veas tu situación o por difícil que sea tu circunstancia, que tú fe no desmaye, pues puedes tener la seguridad de que si tu amor por Dios es genuino también las bendiciones de Él son seguras. Dios tiene un tiempo perfecto para todo, y todo lo que necesites saber, Él te lo hará saber y entender en el momento apropiado. De algo puedes estar seguro: Dios se glorificará en medio de tu circunstancia, sea cual sea.

Dios es especialista en lo imposible, cuando el hombre no puede más ahí es donde comienza a manifestarse el poder de Dios. Creer en el poder de Dios aumenta nuestra fe y esta fe debe seguir creciendo y fortaleciéndose. A través de toda la historia humana se manifiesta el poder de Dios y se seguirá manifestando hasta el final de los tiempos y por la eternidad.

Dios es Soberano todo le pertenece (Deuteronomio 10:14). Los cielos de los cielos, la tierra, y todas las cosas que en ella hay le pertenecen a Dios. Por más que el hombre trate de atesorar posesiones y fortuna, será en vano porque todo le pertenece a Jehová, Dios es Rey de reyes y Señor de Señores. Es más inteligente el que hace tesoros en el cielo (Mateo 6:19-20), que el que hace tesoros en la tierra ya que en la tierra todo terminará pero el tesoro de cielo es eterno. Dios quiere enseñarte como hacer tesoro en el cielo. Si te pones en sus manos y se lo permites el te enseñara. Recuerda esto, Cada vez que obedeces a Dios acumulas tesoro en el cielo.

Dios Revela (Daniel 2:28) el conocimiento de Dios trasciende toda capacidad o intelecto humano. Dios conoce todo lo por venir, y los misterios de su creación, y los revela a quien Él quiere. En sus manos está todo, Él tiene control absoluto. Desde los siglos Dios ha dado sus revelaciones a sus siervos, para darle a conocer al mundo su voluntad y sus propósitos.

Dios es Luz (1 Juan 1:5-10) Dios es esplendoroso, no hay tinieblas en Él. La luz tiene relación con la verdad, el bien, la salvación, la vida, la paz, el regocijo, la rectitud, la presencia, el favor, y la gloria de Dios (Isaías 60:1-3). La palabra dice que los habitantes de La Nueva Jerusalén (la ciudad santa de Dios) no necesitarán la luz del sol pues Dios mismo los iluminará (Apocalipsis 22:5).

Dios es Único no hay nadie como Él, y es sólo a su Hijo Jesús a quien Dios le ha dado el poder, la riqueza, la sabiduría, la honra, la gloria, la fortaleza y alabanza (Apocalipsis 5:11-13). **Dios es Verdadero** en Él todo es verdad, en Él no hay engaño ni confusión. Jehová es el Dios vivo y eterno, tan solo con el poder de su boca hará desaparecer los dioses que no crearon los cielos y la tierra, dioses falsos (Jeremías 10:10-11).

Dios es Bueno (Mateo 19:17) bueno sólo es Dios. Su bondad excede todo razonamiento y entendimiento. Hay personas que se quejan de Dios por todas las cosas malas que acontecen y piensan que Dios tarda en terminar con ellas, no entienden que es por su bondad que a pesar de toda la maldad que hay en el mundo

Dios aún nos da tiempo y oportunidad para arrepentirnos.

Dios es Bondadoso (Tito 3:4-5) nos ha regalado la salvación a través de Cristo. Él sana nuestras dolencias y enfermedades físicas, de la misma forma quiere sanar nuestros corazones y darnos vida en abundancia. **Dios No olvida** (Hebreos 6:10) Él nunca olvida nuestras buenas obras para recompensarla pero sí olvida y borra nuestros pecados (Miqueas 7:18) si nos arrepentimos de corazón.

Dios es un **Dios de vivos** (Mateo 22:32) no de muertos, cuando nos arrepentimos y venimos a Él por medio de su Hijo, nacemos de nuevo y Él se convierte en nuestro Dios y Padre.

Dios es Clemente (2 Crónicas 30:9) es benevolente y compasivo al juzgarnos. **Dios es Paciente** nos tiene paciencia, no nos abandona a pesar de nuestras rebeliones (Nehemías 9:17), nos da la oportunidad, el chance para que nos arrepintamos. **Dios es Perdonador** si nos arrepentimos nos perdona. *Si se humillare mi pueblo, sobre el cual mi nombre es invocado, y oraren, y buscaren mi rostro, y se convirtieren de sus malos caminos; entonces yo oiré desde los cielos, y perdonaré sus pecados, y sanaré su tierra* (2 Crónicas 7:14).

Dios es Consolador (2 Corintios 1:3-4) no nos desampara en nuestros tiempos de angustias, Él nos consuela y nos enseña a consolarnos unos con otro. Sus hijos se amparan bajo sus alas y se siente seguros porque saben que Él nunca los dejara ni los desamparara.

Dios es Misericordioso (Salmo 36:7) Él levanta al caído, pues es rico en misericordia y piedad. Él suple y provee para nuestras necesidades (Filipenses 4:19).

Dios es Grande (Deuteronomio 10:17) Dios es digno y merecedor de todo nuestro amor, temor, reverencia, respeto, y de que andemos en sus caminos en obediencia, porque Dios es Grandioso y Magnifico, es un Dios poderoso y temible. No es alguien a quien podamos sobornar y no hace acepción de personas, para Él todos somos iguales, no hay ni rico ni pobre, ni blanco ni negro, todos seremos juzgados con juicio correcto y perfecto, porque **Dios es Justo** (Daniel 9:14).

Dios es Fiel (Deuteronomio 7:9-10) es firme y constante en sus afectos, en sus propósitos y en sus promesas, es un Dios de propósitos firmes y seguros. Él no olvida sus pactos y los cumple a los que lo aman y guardan su palabra. Él cumplirá todas sus promesas pues **Dios no miente** (Números 23:19). El mismo Dios de ayer, es el mismo de hoy, será el mismo mañana y por siempre porque **Dios no cambia** (Malaquías 3:6).

Dios es Vengador (Nahúm 1:2) Él protege a sus hijos y los venga, por esto no debemos tomar venganza por nuestra mano ya que podemos equivocarnos pero Dios nunca se equivocará, Él pagara a cada cual justamente y en el momento justo.

Dios es un **Dios de Amor** (1 Juan 4:16) que escucha las peticiones que provienen del corazón limpio y las responde. Él quiere que vivamos en paz, quiere darnos paz, pues **Dios es Paz** (1 Corintios 14:33) tranquilidad, sosiego. **Dios de Esperanza** (Romanos 15:13) en Él tenemos esperanza de un mañana mejor, de vida eterna, vida feliz y en armonía.

Dios Salva (Salmo 68:20) Limpia, Sana, Purifica, Liberta, Bendice, todo esto lo hace a través de su Hijo Jesús, con el poder de su Espíritu Santo.

Dios es Dador (Efesios 3:20) Él quiere darnos cosas que el hombre no imagina, inclusive más abundante de lo que le pedimos, Él tiene más que darnos que nosotros que pedirle. Dios quiere darnos a conocer la verdad que está en su Hijo Jesucristo. Dios no quiere que nadie perezca sino que todos procedamos al arrepentimiento para Él salvarnos de la destrucción que viene para el mundo y su maldad.

Dios quiere ser **Dios de todos** (Efesios 4:6) es su voluntad ser nuestro Dios y padre pero Él no obligará a nadie. Dios nos ha dado libre albedrío, nos ha dado libertad de escoger. Es decisión de cada uno de nosotros si queremos que Él sea nuestro Dios, Él quiere ser nuestro Señor, Dios nos Ama y quiere enseñarnos a vivir una vida victoriosa sin preocupaciones, ni temores, ni angustias. La decisión es tuya.

Dios no tienta ni puede ser tentado (Santiago 1:13) Dios permitirá que las pruebas vengan a ti pero Él nunca será el que las cause. Por el contrario si tu quieres serle fiel, Él te dará la salida y la fortaleza que necesites ante cualquier prueba o circunstancia de tu vida y te bendecirá a través de ella (1 Corintios 10 12-13). No importa cuál sea la situación, Dios tiene el poder y la solución. Dios siempre tiene una respuesta y siempre llega a tiempo.

Dios es Celoso (Deuteronomio 4:24) Él anhela tener una relación intima con nosotros, para transformarnos y usarnos, pero no comparte su gloria con nadie. Cuando Dios nos usa es importante saber que toda la gloria es de Él, recuérdalo siempre, todo el crédito es de Dios y de nadie más. El hombre es sólo un instrumento de Dios, y es a Dios que corresponde la decisión de cómo recompensar toda buena obra, pero la gloria absoluta es de Dios.

Para mencionar todos los atributos de Dios, proclamar su Amor, Grandeza, Poderío, Majestad, cuan Glorioso es Él, no me alcanzaría la vida mucho menos este libro pero sí, espero que con palabras sencillas, especificas y claras, puedas entender y conocer a Jehová, Dios de los Ejércitos. Digno de toda exaltación.

OTROS NOMBRES O ATRIBUTOS DE DIOS EN EL IDIOMA HEBREO

Yahveh - Agape / Jehová es Amor

Yahveh - Abba / Jehová Padre

Yahveh - Jireh / Jehová Provee

Yahveh - Shadai / Jehová Todopoderoso

Yahveh - Rafa / Jehová Sana

Yahveh - Nisi / Jehová mi Bandera

Yahveh - Shalom / Jehová mi Paz

Yahveh - Shama / Jehová Aquí Presente

Yahveh - Tsidekenu / Jehová nuestra Justicia

El Dios verdadero es Jehová el Dios que creó los cielos y la tierra, todo lo que en ellos hay, creó la humanidad, los animales, los peces, las plantas, el sol la luna y las estrellas. Es el Dios de Enoc, de Noé, de Abraham, de Isaac, de Jacob, de Moisés, de David. Dios de los espíritus de toda carne, Dios de dioses, Señor del cielo, de la tierra, y de los reyes. Ese es mi

Dios y quiere ser tu Dios. Ábrele tu corazón, déjalo entrar en él y veras las maravillas que Él puede hacer con tu vida y la de todos los que te rodean. Conócelo a través de estas líneas y déjalo ser parte de tu vida para que la llene de felicidad. Él conoce tus penas, tu tristeza, tu angustia y tus necesidades. Él quiere convertir tus penas en alegría, tu tristeza en gozo, tu angustia en seguridad y suplir todas tus necesidades. Él quiere envolverte con su amor y su misericordia, sólo abre tu boca y dile:

"SÍ, ENTRA SEÑOR"

¿Cómo orar a Dios?

Y orando, no uséis vanas repeticiones,
como los gentiles, que piensan
que por su palabrería serán oídos.
(Mateo 6:7)

Orar es adorar, pedir, rogar, suplicar, dar gracias, interceder por los demás, pedir por nuestras necesidades diarias, confesarnos ante Dios, pedirle perdón, protección, vindicación (si nos han calumniado, ayuda para que se aclare la verdad, sin pedir mal para nadie), perdonar cualquier ofensa, pedir curación, victoria. Orar es hablar con Dios respecto a todo, Dios quiere involucrarse en todos los aspectos de nuestras vidas.

La oración es esencial en nuestro caminar con Dios, es una forma de tener comunión con Él. Orar no tiene un formato, una hora, un lugar o posición. Puedes orar en cualquier lugar, a cualquier hora, en cualquier posición y con tus propias palabras. Debe existir respeto y reverencia al hacerlo pero también confianza y sinceridad.

Hay muchas personas que tienen el concepto erróneo acerca de la posición al orar, creen o le han enseñado que debe ser de rodillas, pero esto es completamente falso, ya que bíblicamente no se establece una posición específica y definitiva para orar o atraer la presencia y el favor de Dios. Puedes orar de la manera que tu corazón te haga sentir, de rodillas, parado, acostado, inclinado o postrado. No es la posición o elaboración sofisticada de tus palabras lo que te hará conquistar la presencia de Dios, es la sinceridad de tu corazón ante Él.

Hay otros que piensan que sólo debe ser en un horario o un lugar especifico. Esto no es que esté mal, puedes hacerlo de esa manera si lo prefieres pero La Palabra dice: orad sin cesar (1 Tesalonicenses 5:17), por lo tanto tu comunicación con Dios debe ser continua, a toda hora, mañana, tarde y noche, en cualquier lugar, en el templo, en tu casa, cualquier parte de tu casa, en cualquier actividad que hagas, cocinar, lavar, al bañarte, al hacer las compra y demás.

Hay otros que le han enseñado patrones repetitivos al orar (repetir la misma oración por cierta cantidad de veces), debemos ser espontáneos al orar, las repeticiones desagradan a Dios (Mateo 6:5-7). Es importante que sepas que nunca debes usar la auto-exaltación (yo soy bueno, yo soy justo, yo...) creyendo que mereces todo departe de Dios, ya que esto es orgullo. La misericordia de Dios es un regalo para todo el que se arrepiente de corazón y en Él confía, no es por obra (Efesios 2:8-9). Tampoco uses la dramatización, porque Dios conoce lo que hay en tu corazón. No uses palabras rebuscadas para impresionar a los que te miran o escuchan, procura mejor impresionar a Dios.

Al orar procura estar en intimidad con tu Señor y si te toca orar en el templo dirige tus oraciones sólo a Dios, de manera sencilla, sincera y como el Espíritu Santo ponga en tu corazón en ese momento. Si quieres ponerte de acuerdo con tus hermanos, en una petición hazlo, y preséntasela a tu Señor en tus propias palabras, Dios siempre entenderá lo que le estas pidiendo porque aunque te equivoques con palabras, Él escucha tu corazón. No olvides que a Dios no le agradan las repeticiones.

¿Cómo adorar a Dios?

Venid, adoremos y postrémonos
arrodillémonos delante de Jehová
nuestro Hacedor.
(Salmos 95:6)

Adoramos a Dios cuando le ofrecemos o rendimos culto, confesión, alabanza, suplica, acción de gracias, ofrenda, sumisión, humildad, obediencia, y devoción por medio de la oración. Adorar es amar a Dios intensamente, atribuir honra, poder, señorío, majestad... Adoramos en la predicación, la enseñanza, la lectura de la palabra, el bautismo, la santa cena, la disciplina, y la obediencia. Puedes hacer de la adoración un estilo de vida. No sólo hay muchas razones para adorar a Dios, sino también muchas formas de adorarle.

Después de haber leído algunos de los atributos de Dios, tendrás una idea de algunas razones por la cual adorarlo, y si le agregas todo lo que Él te ha dado personalmente a ti, podrás adóralo diariamente sin ninguna dificultad. Dios te creó con amor infinito y puso atributos únicos y especiales en ti, te regaló la hermosura de la naturaleza, la vida y todo su esplendor, y todas las cosas buenas que te han sucedido a lo largo de tu existir se la debes a Él.

Así que te hablare más bien de algunas diferentes formas de adorarlo, recuerda que la posición debe ser de acuerdo a la ocasión del momento, al lugar, o la que tu corazón te haga sentir.

Te hablaré de adorarlo en toda tu forma de vivir. *Si, pues, coméis o bebéis, o hacéis otra cosa, hacedlo todo para la gloria de Dios.* (1 Corintios 10:31).

A esto es a lo que me refiero, al usar **Tus ojos:** mirando el defecto de tu hermano no para juzgarlo, sino para orar por él. **Tus oídos:** escuchando el problema de tu prójimo no para criticarlo, ni contárselo a los demás, sino para ayudarlo. **Tu boca:** para hablar con amor, tolerancia, paciencia y sabiduría. **Tus pensamientos:** que estén llenos de bondad, que sean limpios y puros. **Tus manos:** llenas de justas y buenas obras. **Tus pies:** que tu caminar sea recto, integro delante de Dios, y todo tu cuerpo presentarlo agradable delante del Señor (en tu higiene, la manera como te alimentas y hasta tu manera de vestir que sea casta, decente, modesta y prudente).

Hazlo todo para que el nombre de Dios sea glorificado. Debes pedirle a Dios que santifique todas estas partes en ti y Él lo hará. No será de inmediato, ni todo al mismo tiempo, pero si se lo pides Él lo hará.

Adoras a Dios al esforzarte por hacer su voluntad. Si procuras diligentemente la fe, la virtud, el conocimiento de la palabra, la aplicación en tu vida de este conocimiento, la templanza (dominio propio), la paciencia, la piedad, el afecto fraternal y hacerlo todo con amor sincero, estarás adorando a Dios en toda tu forma de vida.

Hay algo más que debes tener muy en cuenta y es: adorarlo no sólo con el más grande y puro amor, sino también con temblor y temor. Cuando te hablo de temor no debes confundirlo con miedo. Si sientes miedo de Dios entonces con seguridad estás ocultando algo que no es bueno, y debes inmediatamente confesárselo y pedirle que te ayude al respecto. El temor es más bien el respeto y la reverencia que debes tenerle y no sólo al adorar, sino en todo lo que hagas, debes tener un verdadero y sincero interés de agradar a Dios. Toma en cuenta a Dios en todas tus decisiones y Él bendecirá tus caminos.

Siempre que Adores a Jehová, debes sentir una confianza absoluta de dirigirte a Él, como tú padre, tú Señor, tú Dios, tú Todo y como lo más importante de tú vida. Debes reconocer su grandeza, poderío, y majestad. Ya que no hay nadie como Él. Es imprescindible que al adorar al Señor lo hagas en Espíritu y verdad porque estos son los adoradores que Dios busca. Recuerda que Dios es Espíritu, por lo tanto es necesario que los que le adoran, lo hagan en Espíritu y verdad (Juan 4:24), con sinceridad de corazón. En otras palabras todo lo que hagas para Dios debes hacerlo de corazón no por obligación.

¿CÓMO PEDIR A DIOS?

Y esta es la confianza que tenemos en Él, que si pedimos alguna cosa conforme a su voluntad, Él nos oye.
(1 Juan 5:14)

ES IMPORTANTE QUE sepas que debemos pedir, hay muchas personas que no piden y por esta razón no reciben. En una ocasión un hermano me dijo: ¿Para qué molestar a Dios pidiéndole cosas que Él ya sabe que quiero y necesito, pues Él todo lo sabe? Te diré lo mismo que le respondí al hermano.

Lo **primero** es que a Dios no le molesta en lo absoluto que le pidamos por el contrario, a Dios le encanta que le pidamos y darnos.

En **segundo** lugar es totalmente necesario que le pidamos ya que esta es parte de nuestra relación con Dios. ¿Acaso dejaras de pedirle de comer a tu padre sólo porque Él debe saber que a ti te da hambre? Por supuesto que no. De la misma manera debes ver tu relación con Dios, Él es tu padre, y como padre bueno y que ama a su hijo quiere participar en todo lo que concierne a ti. Dios obra a través de nuestras peticiones, y pedir es imprescindible para recibir.

Debemos tener en cuenta cuatro factores al pedirle a Dios:

Pedir en el nombre de Jesús (Juan 14:13-14) El Hijo de Dios es el único mediador entre Dios y el hombre, por lo tanto no sólo es imprescindible que todo lo que pidamos, lo pidamos en su nombre, sino que este es el único mediador que debemos usar. *Jesús les dijo: Yo soy el camino, y la verdad, y la vida; nadie viene al Padre sino por mí* (Juan 14:6). Ni los ángeles ni ningún santo o santa puede ser intermediario entre tú y Dios sólo su Hijo Jesús.

Pedir con Fe (Mateo 21:21-22) El que pide creyendo recibe, tienes que confiar en que Dios te dará lo que pediste aún cuando todo parezca contrario, aunque parezca que no ocurrirá. Debes de esperar con paciencia y buena actitud, y confiar en el tiempo de Dios que es perfecto. La fe es un don otorgado por Dios, debemos pedir a Dios que nos dé fe. Este don es otorgado en medidas, por lo tanto debemos pedir cada día para que Dios aumente nuestra fe.

La fe va creciendo en nosotros a medida que le permitimos al Espíritu Santo de Dios que trabaje en nuestra vida. La fe es una de las armas para vencer (en Cristo Jesús) a Satanás, que es tu verdadero enemigo. Es uno de los dones que nos ayudaran a no caer jamás, por lo tanto la fe no sólo es buena al pedir sino en toda nuestra actitud ante la vida. Debemos vivir confiando en Dios cada instante y en cada circunstancia de nuestra vida.

Pedir conforme a la voluntad de Dios (1 Juan 5:14) Conocer la voluntad de Dios te dará la seguridad de que Él te oye y te responderá. Tal vez seas una de las personas que dice: "Pero, ¿cómo voy a saber la voluntad de Dios para pedirle?" Compartiré algunas cosas que te ayudaran a conocer la voluntad de Dios.

Primera: Debes pedirle a Dios que te dé a conocer su voluntad y con seguridad Él lo hará. **Segunda**: Vivir una vida espiritual en comunión con Dios te garantiza que conocerás la voluntad de Dios. **Tercera**: Leer la Biblia, que es palabra de Dios y es inspirada por Dios. La palabra nos enseña, corrige e instruye. Conocer su palabra es conocer su voluntad, por lo tanto es importante, no sólo que leas la Biblia sino que le pidas a Dios que te ayude a entender, retener y poner en práctica lo que lees.

La sabiduría es la aplicación correcta al conocimiento que tenemos, pídele sabiduría a Dios y Él te la dará. El conocimiento de la palabra no sólo te enseñara a pedir conforme a la voluntad de Dios, sino todo lo que debes saber para no caer jamás. Al igual que la fe, la palabra es una de las armas para vencer.

Nunca pedir para mal (Santiago 4:3) Si pides mal te garantizo que no recibirás y si recibes no vino de Dios, ya que Dios dentro de su soberanía todo lo que da y hace es perfecto y justo. He escuchado personas, inclusive cristianas, pidiendo mal para otros que ellos consideran sus enemigos (recuerda que tu verdadero enemigo es Satanás y tu carne), el mundo es sólo una víctima de Satanás, que es un enemigo al cual no podemos ver, pero que trabaja arduamente con astucia y engaños para destruirnos. En mi libro **"Conoce a tu enemigo invisible"** conocerás todo lo necesario para que este enemigo no te engañe nunca más.

Te diré algo, la voluntad de Dios es que ores por las personas que te hagan daño y que le devuelvas con bien. Dios nunca cumplirá tus malos deseos, porque Dios es Santo, Misericordioso y Justo. Nunca pidas mal para tu prójimo aunque te haya hecho mal. Dios juzga con juicio justo, porque Él todo lo conoce, pero no está bien que pidas o te alegres del sufrimiento de otros apoyándote en tu propio juicio.

Por otro lado te diré que no está mal que le comuniques tus necesidades a Dios, de hecho es importante, pero nunca en forma de queja, siempre de una manera respetuosa. A fin de cuentas Dios sabe lo que es mejor para nosotros y su voluntad debe estar en primer lugar en tu vida.

La voluntad de Dios es establecer su reino. Por lo tanto debes pedir de manera sincera, para que el reino de Dios venga a nosotros, que la voluntad de Dios se cumpla, tanto en la tierra, el cielo, y en nuestras vidas. Debemos anhelar ser parte de ese reino. Él promete que todo aquel que se preocupe por su reino Él suplirá todas sus necesidades (Mateo 6:31-33).

También debes saber que Dios no suplirá peticiones para que vivas una vida de pecado, para competir con los demás, ser mejor, tener más, por envidia, por codiciar lo ajeno, por vanidades, deleites inmorales y este tipo de cosas. Debes entender que siempre debes pedirle a Dios de manera correcta y por los motivos correctos, y con un corazón puro y sincero. Si le pides de esta forma, y conforme a su voluntad, con fe, y en el nombre de Jesús. Te aseguro que todo, absolutamente todo lo que le pidas a Dios, Él lo hará.

La bondad de Dios es inmensa y en el cielo no hay escasez, así que pide mucho, porque el que mucho pide mucho recibe, además Dios tiene más que darnos que nosotros que pedirle (Efesios 3:20). Pide por ti, tu pareja, tus hijos, tus hermanos, tus padres, tus familiares, tus vecinos, tu prójimo en general, pide por los siervos de Dios, por las autoridades terrenales, por los enfermos, los desamparados, los que necesitan sanidad espiritual, sanidad del alma y el corazón, por tu ciudad, tu país, las naciones, pide por todo el mundo y veras la mano de Dios obrar.

¿Cómo oír a Dios?

Y hubo una voz de los cielos, que decía: Éste es mi Hijo amado, en quien tengo complacencia.
(Mateo 3:17)

¿Qué si Dios habla? Por supuesto que Dios habla, nuestro Dios no es mudo. Él habla y quiere que lo escuchemos, de hecho hay personas que han escuchado la voz audible de Dios. Si leíste el verso bíblico que está escrito arriba, no te quedará duda que esa fue la voz audible de Dios al referirse a Jesús, su Hijo, cuando fue bautizado por Juan el Bautista en el río Jordán.

Dios tiene diversas formas de hablarnos: Nos habla a través de su palabra, a través de sus siervos, a través de su Espíritu Santo, de sueños y visiones (Job 33:15-16).

A través de su palabra (La Biblia) (2 Timoteo 3:16): La Biblia son escrituras inspiradas por el Espíritu Santo de Dios. Y todo lo que en ella está escrito es palabra de Dios. Yo describo la Biblia como el manual de la vida, ya que si lo lees y lo pones en práctica con un corazón humilde, arrebatarás todas las bendiciones de Dios.

Todavía escucho hermanos que al salir de la congregación comentan, "Yo no recibí naaaaada"o "A mí Dios nunca me ha hablado".

Cuando escucho cosas como éstas, tengo que pedirle a Dios que siga trabajando en mí. Hermano mío, el sólo hecho de escuchar un verso de la Biblia es recibir palabra de Dios. Lo que cuenta no es el predicador o el profeta del momento, sino ¿a qué fuiste tú a la iglesia en ese día? Si vas buscando a Dios es seguro que lo encontrarás. Es bueno querer más de Dios, pero eso no significa que debamos minimizar ninguna dádiva que venga de Él.

Indudablemente la palabra es una de las formas que Dios usa para comunicarse con nosotros, y es una arma poderosísima para vencer. Los mensajes a través de ella son tanto para tu vida diaria como para tu vida espiritual, es importantísimo escudriñarla (estudiarla con empeño y diligencia), meditarla (pensar en ella en todo momento) y ponerla en práctica, ya que esto nos ayudara a crecer en el Señor y a no ser engañados por Satanás.

A través de sus siervos (Deuteronomio 5:24): Así es, Dios nos habla a través de personas que Dios ha elegido para que sean su porta voz, como lo hizo con el profeta Moisés, a quien eligió para hablarle al pueblo de Israel. Los siervos de Dios son personas que se consagran al servicio de Dios.

A lo largo de la historia humana Dios ha usado los mismos métodos para hablarnos, y en este tiempo también usa personas para hablarnos, inclusive he escuchado de personas que no son cristianas y Dios le ha placido usarlos para el beneficio de su pueblo. En la antigüedad Dios abrió la boca de un burro o de un asno para hablarle a un profeta (Números 22:28). La verdad, yo no tengo ninguna duda de que Dios hace lo que quiere y usa a quien quiere, así que tengamos mucho cuidado de juzgar.

Es importante saber que debemos tener cuidado de los falsos maestros y falsos profetas, ya que hay muchos engañadores. Es por esto la importancia de conocer la palabra ya que esto te ayudara a confirmar si el mensaje viene de Dios, si el mensaje entra en contradicción con la palabra, no es de Dios.

También si sientes duda al recibir un mensaje sólo ora y pídele a Dios que te lo confirme y Él lo hará. Si Dios está en el asunto con seguridad te responderá. No hagas nada de lo cual tengas duda ya que si haces algo dudando es porque no has tenido fe al hacerlo y todo lo que no proviene de fe es pecado (Romanos 14:23). No rechacemos las profecías pero si tengamos cuidado de ellas, no todas vienen de Dios. Si alguien te da una profecía y no se cumple entonces no vino de Dios (Deuteronomio 18:22).

A través de su Espíritu (2 Pedro 1:21): En mi libro, "**Conoce al Espíritu Santo de Dios**" podrás conocer a fondo todo lo relacionado con este hermoso regalo, (El Espíritu Santo) que Dios envió para todo aquel que lo pida a través de Jesús. Pero debes saber que el Espíritu de Dios como su nombre lo indica es un Espíritu, que es santo y le pertenece a Dios, pero Él lo comparte con nosotros. El Espíritu Santo es el poder de Dios y puede vivir en nosotros y con nosotros.

Cuando Dios pone su Espíritu en nosotros, se comunica por medio de Él, a nuestras vidas. Es importante saber que para ser llenos del Espíritu Santo, debemos permitirle que nos vacíe de nosotros mismos. Una vez que Él esté en ti, el mismo Espíritu Santo te enseñará y te dará a conocer todo lo que Dios quiera decirte.

Él te dará a conocer su voz, para que sepas cuando es Él que te habla. Esto es muy importante ya que podrías confundir la voz del Espíritu Santo con tu propia voz o con la del enemigo. Siempre que hayas orado, dedica un tiempo de silencio y quietud por si Él quiere hablarte. Es necesario que seas paciente y que estés relajado, para poder escuchar. Pídele a Dios que agudice tus oídos y que te enseñe a conocer su voz. Recuerda que Dios nunca te pedirá nada que esté en contradicción con su palabra y que sus peticiones siempre te darán paz.

A través de Sueños (Daniel 2): Un sueño es la acción de imaginar escenas o sucesos mientras se duerme. Hay muchos eventos bíblicos relacionados con los sueños como método de Dios para comunicarse con el hombre, pero usaré el capítulo 2 del libro del profeta Daniel para hacer referencia a esta manera de Dios de comunicarse. Dios no sólo se comunicaba con Daniel a través de sueños, sino que lo capacitó para interpretar estos sueños.

Hay muchas personas que opinan que esto es sólo cosa del pasado, y que Dios ya no se comunica de esta forma, pero yo estoy convencida de que Dios todavía usa los sueños para comunicar su voluntad y eventos futuros a la humanidad. Aunque no todos los sueños necesitan interpretación, estoy segura de que en estos tiempos también hay personas a las cuales Dios les da la interpretación de estos sueños, como lo fue el caso de Daniel.

Estoy de acuerdo en que debemos tener cuidados con los sueños, ya que existen muchos engañadores (Jeremías 23:32) y no todos los sueños provienen de Dios, algunos pueden ser deseos de la mente (Salmos 126:1). Por lo tanto no debemos depositar nuestra confianza en los sueños, sino en Dios. Esto de ninguna manera quiere decir que Dios ya no use este método para comunicarse con el hombre.

Respetando la opinión de los demás me gustaría preguntar: ¿Acaso no sigue Dios siendo el mismo? ¿Ha cambiado Dios? Sin duda alguna digo que Dios es el mismo de ayer, de hoy, de mañana y de siempre y que si Él hizo milagros, señales y prodigios en el pasado y está escrito que los hará en el futuro, ¿Por qué no habría de hacerlos en este tiempo también? y si en la antigüedad se comunico con el hombre por medio de sueños que le impide a Dios que lo haga en este tiempo también. El mismo Dios a veces provoca un estado de sueño profundo para revelar algo (Génesis 15:12). Si el sueño viene de Dios, Él se asegurara que tú lo sepas. Indudablemente la voluntad de Dios será cumplida.

A través de Visiones (Génesis 46:2): Una visión es una aparición sobrenatural, una experiencia en la vida de una persona por medio de la cual recibió una revelación especial de parte de Dios. La visión es también un medio de comunicación entre Dios y sus siervos. Por medio de visiones Dios ha revelado grandes eventos mucho antes de que estos ocurran. Hay muchos de estos eventos que han ocurrido ya, pero también hay otros que son para el futuro, como lo es el gran juicio final, y el fin del mundo.

El tiempo de estos eventos está solo en el conocimiento de Dios y para Dios un día es como mil años y mil años es como un día. Por esta razón no podemos confiarnos y vivir descuidadamente, ya que estas cosas podrían estar por acontecer a la vuelta de la esquina.

Es importante estar reconciliados con Dios por medio de su Hijo Jesús, ya que esta es la única forma que podemos salvarnos de ser destruidos en aquel gran día. Velemos para que no seamos tomados por sorpresa, porque nadie sabe la hora ni el día del juicio de Dios, y no olvides que la muerte podría sorprenderte y sólo el obrar y caminar en integridad delante de Dios en Cristo Jesús te garantizara la salvación para vida eterna, las bendiciones de Dios en esta vida y su recompensa y galardón en la resurrección (Mateo 24:48-51).

¿QUÉ AGRADA A DIOS?

Para que andéis como es digno del Señor, agradándole en todo, y llevando fruto en toda buena obra, y creciendo en el conocimiento de Dios.
(Colosenses 1:10)

NUESTRO AMOR Y obediencia incondicional es lo que más agrada a Dios, pero hay otras cualidades en el hombre que son de gran estima para Dios: el fruto del Espíritu (Gálatas 5:22-23).

La Fe (Hebreos 11:1): *Es, pues, la fe la certeza de lo que se espera, la convicción de lo que no se ve.* Es un fruto del espíritu que va de aumento en aumento a medida que oyes la palabra de Dios (Romanos 10:17). Sin fe es imposible agradar a Dios (Hebreos 11:6), por lo tanto es imprescindible que confíes en Él para agradarle. Confía en Dios, en su Hijo Jesús, y en su Espíritu santo.

La Obediencia (Deuteronomio 30:9-10): Es escuchar con actitud de sumisión, en este caso escuchar la palabra de Dios y actuar conforme a ella. Es conocer la voluntad de Dios y luego hacerla sin peros, porque el que te ha mandado es tu Señor, porque confías en el que te ha mandado, que es Dios fiel y verdadero. Tu obediencia debe ser motivada por tu amor a Dios, y por decisión voluntaria, nunca de manera obligada. Debes obedecer a Dios porque lo sientes en tu corazón, si no sientes amor por Dios entonces cumple sus estatutos por temor, porque Dios es fuego consumidor y destruirá a los impíos (persona que no tiene piedad o compasión).

Te diré algo más, de la misma forma que aconsejas a otros y le dices que es por su bien, especialmente a tus hijos, debes de entender que esta es la misma razón que tiene Dios al darte mandamientos (Marcos 12:30-31) (Romanos 13:9). Dios conoce lo que es mejor para ti, pues Él te creó. Si nosotros siendo imperfectos podemos dar buenos consejos, cuanto más Dios que es perfecto en todo.

Para obedecer a Dios es necesario conocer su voluntad. Una voluntad de Dios que quiero mencionar es la importancia de la relación entre padres e Hijos, tristemente se ha perdido el respeto hacia los padres (Levítico 20:9). Debemos tener presente que debemos honrar a nuestros padres, este es un mandamiento con promesa de parte de Dios, ya que Él promete los que tales hagan, sus días de vida serán alargados en la tierra (Éxodo 20:12).

Recuerda que por medio de su palabra, su Espíritu, o sus siervos, Dios te dará a conocer su voluntad. Es importante que sepas que obedecer la voluntad de Dios deber ser primero que todo (Hechos 5:29). También debes saber que la desobediencia es pecado y por lo tanto te traerá problemas, ya que el pecado es el responsable de todos nuestros males.

Para nuestro Señor la obediencia es más importante que los sacrificios (1 Samuel 15:22) y es esencial para la adoración, no es posible adorar a un Dios que no se obedezca. La obediencia es una cualidad que agrada a Dios de manera muy especial, no es que por ser obediente siempre obtendrás todas tus peticiones, pero sí tus bendiciones. El que hace la voluntad de Dios permanece para siempre (1 Juan 2:17).

Es seguro que si eres un hijo obediente, imitaras a Dios en santidad, humildad, misericordia y amor. Si tu lealtad pertenece a Dios serás un vencedor y recibirás las bendiciones de Dios (Deuteronomio 28:1-14).

La Humildad (Isaías 57:15): Es la cualidad de una persona que carece de arrogancia, presunción y orgullo, persona que tiene una justa estima y valor personal. Nunca debes confundir la humildad que agrada a Dios con tu condición económica ya que una persona no por ser pobre deja de ser orgullosa. La verdadera humildad, la que agrada a Dios, está en la persona que carece de soberbia. La humildad viene desde adentro, desde tu corazón. Jehová exalta a los humildes (Salmos 147:6) y los hermoseará con la salvación (Salmos 149:4).

La Mansedumbre (Eclesiastés 10:4): Es una cualidad moral caracterizada por humildad y benignidad que se exhibe generalmente en momentos de sufrimiento y dificultad, y que va acompañada de confianza en Dios. Persona con carácter y actitud apacible. El mayor ejemplo de humildad y mansedumbre lo tenemos de Jesús, el Hijo de Dios (Mateo 11:29). Es promesa de Dios que los mansos heredaran la tierra (Salmo 37:11).

La Paciencia (Lucas 21:19): Es la capacidad de soportar molestias sin revelarse. La facultad de saber esperar, contenerse. Es la habilidad no sólo de esperar sino esperar con una buena actitud, confiando en Dios ante cualquier circunstancia que estés viviendo, siendo constante en tu fe. Muchas veces le pedimos algo a Dios y sentimos que Él se tarda y nos desesperamos, pero no es cierto que Dios se tarde, ya que Él sabe el tiempo perfecto para darnos lo que le pedimos. A veces desconfiamos, y esto podría retrasar la bendición de Dios.

Debemos esperar las promesas de Dios con paciencia, con buena actitud, con fe y con seguridad de que sus promesas siempre llegan a tiempo y de que Él cumplirá lo prometido porque Él es un Dios Fiel, y nos dará paz en medio de la tormenta. *Los que esperan a Jehová tendrán nuevas fuerzas; levantaran alas como águilas; correrán, y no se cansaran; caminaran, y no se fatigaran* (Isaías 40:31).

El Dominio Propio (2 Pedro 1:5-8): Autocontrol, templanza, actitud sobria, moderada, calma y ecuánime ante la vida. Actitud donde los deseos, las emociones y pasiones se hallan bajo control, una vida con balance.

Me gustaría que observaras como la mayoría de las personas gastan gran parte de su vida y de su tiempo tratando de controlar a los demás, que los demás estén de acuerdo en lo que ellos piensan y dicen. Siempre creen que lo que a ellos les gusta es lo mejor, su opinión es la correcta, su punto de vista es el que debería ser observado. Son personas egoístas, inseguras que siempre quieren controlar y manipular a los demás, y cuando no lo logran viven frustrados, enojados, resentidos, amargados o con complejo de mártir, nadie me escucha, nadie me quiere, nadie me presta atención, estas son las palabras que usan.

Deberíamos de enfocarnos en que la palabra dice que el fruto del Espíritu es el **dominio propio, no el dominio de los demás**. Cuando comencemos a implementar la palabra de la manera correcta, también experimentaremos buenos cambios en nuestras vidas. Es la voluntad de Dios que atendamos nuestros propios asuntos (1 Tesalonicenses 4:11), y que tengamos dominio propio. Si logramos que nuestras emociones no nos controlen si no que sean el producto de nuestra confianza en Dios, viviremos una vida equilibrada.

El ser Justo (Salmos 37:29): Es una persona honesta, integra que no acepta soborno ni apoya cosas mal hechas, es generosa, constante, y valiente. La oración eficaz de una persona justa tiene gran poder de ser escuchada y respondida por Dios (Santiago 5:16), además Dios promete que bendecirá la morada de los justos (Proverbios 3:33).

La Bondad (Efesios 5:9): Es la cualidad de una persona que hace el bien, sin mirar a quien, sin esperar que se lo agradezcan, sin pregonarlo, y con alegría. Persona que se apiada, se compadece de los demás, es amable y gentil.

El Perdón (Mateo 6:12): Dios manda a que perdonemos, es su voluntad que sepamos y estemos dispuestos a perdonar a los que nos ofenden. Debemos reconocer que todos necesitamos el perdón de Dios y que si perdonamos a los demás, Él nos perdonara a nosotros. No importa cuántas veces te hagan daño, sólo perdona cada vez y veras como Dios que es poderoso, te bendecirá a través de esa circunstancia.

Es indudable que la misericordia de Dios siempre estará con las personas que están dispuestas a perdonar de corazón, sin guardar rencor ni resentimientos. Nunca desees mal a los que te hieran, ora por ellos y deja que sea Dios quien te haga justicia.

El tiempo es corto ¿por qué perderlo buscando culpables y poniendo excusas a nuestras faltas? En esta vida, todos hemos pecado, todos le hemos fallado a Dios de una u otra forma. De alguna manera hemos ofendido y herido a alguien. Nadie es inocente delante de Dios, entonces ¿por qué no aprovechar el tiempo y aceptar el amor y la misericordia de Dios? ¿Por qué no recibir su justicia con humildad, puesto que Él no se equivoca?

Es tiempo de pedirle perdón a Dios, pedirle perdón a las personas a las cuales le hemos fallado, perdonar a los que nos han ofendido, herido, o traicionado, y perdonarnos a nosotros mismo al recibir el perdón de Dios. No pongamos más pretextos y pongámonos en las manos de Dios, porque Él quiere sanar nuestros corazones. Entreguémonos y obedezcamos a Jehová y Él llenara nuestras vidas de felicidad.

Tu manera de vivir (1 Tesalonicenses 4:3): Tú manera de vivir es de gran importancia cuando quieres agradar a Dios. Él quiere que nos apartemos del pecado, el desea nuestra santificación , que no haya mentiras, ni engaños, ni palabras deshonestas en nuestros labios, que trabajemos honradamente, que de manera voluntaria lo adoremos con nuestros diezmos y ofrendas (Mal 3:10) (2 Corintios 8:21), que caminemos en amor, que nuestros caminos sean rectos, que demos gracias a Dios en todo momento, que nos amemos unos a otros, pero sobretodo que lo amemos a Él sobre todas la cosas del mundo, de los cielos y la tierra, con nuestra mente, alma, y nuestro corazón, en espíritu y verdad.

Tal vez eres uno de los que tienen el verdadero deseo de agradar a Dios pero por más que tratas no mejoras, tal vez te resulte muy difícil hacer todas estas cosas, pero en tu corazón verdaderamente quieres agradar a Dios. Te diré algo, no te sientas triste ni derrotado, no eres el único que estás pasando por esta situación, de hecho, nadie lo puede hacer por sí solo o con su propia fuerza. Necesitamos a Jesús el Hijo de Dios. Si te pones en sus manos, Él no sólo te guiara con amor y paciencia, sino que irá todo el camino contigo (Mateo 28:20) (Hebreos 13:5) y hará que estas cualidades abunden en ti.

¿QUÉ DESAGRADA A DIOS?

Seis cosas aborrece Jehová, y aun siete abomina su alma: Los ojos altivos, la lengua mentirosa, las manos derramadoras de sangre inocente, el corazón que maquina pensamientos inicuos, los pies presurosos para correr al mal, el testigo falso que habla mentiras, y el que siembra discordia entre hermanos.
(Proverbios 6:16-19)

EL PECADO (Isaías 5:18-24) (culpa, iniquidad, maldad, mal, ofensa, prevaricación, trasgresión). Es la raíz de todos los problemas de la humanidad. Pecar es revelarse contra Dios. Pecamos cuando nuestros pensamientos pecaminosos son llevados a cabo. La corrupción de la persona surge desde su interior, desde los malos deseos de su corazón. El pecado te hace morir espiritualmente, te separa de Dios, crea una barrera entre Dios y las personas, produce alejamiento y ausencia de comunión con Dios. No podemos culpar a los demás cuando pecamos, cada uno debe asumir su responsabilidad al pecar y afrontar la culpa y la consecuencia de su pecado. Todos los pecados pueden ser perdonados a través de Jesús excepto la blasfemia contra el Espíritu Santo (Mateo 12:31).

Hechos que resultan en pecado cuando lo llevamos a cabo (Romanos 1:29-31):

La idolatría (Éxodo 20:4-5; 34:17) (Levítico 19:4, 26, 31; 26:1) (Deuteronomio 4:24-25) (Isaías 42:8) (1 Corintios 10:14): Son las acciones y actitudes que incluyen adorar, reverenciar o rendir honores religiosos a cualquier objeto, persona o entidad que no sea el único Dios verdadero. También incluye actos impuros, incorrectos o inapropiados para adorar al verdadero Dios.

Confiar o creer en el poder de cualquier ídolo u objeto, como los amuletos, los ángeles, los muertos o los santos, es idolatría. Igualmente rendir culto a otro ser u objeto es idolatría. Algunas prácticas que desagradan a Dios son la adivinación, lectura del tarot, las cartas, la taza, o cualquier tipo de lectura para pronosticar el futuro, las personas que se comunican con el más allá, con los muertos, etc. Todas estas son prácticas que Dios aborrece y son pecados.

La fornicación espiritual es serle infiel a Dios, por lo tanto es una forma de idolatría. Por esto debemos saber que Dios nos advierte que no debemos tener dioses ajenos, aunque otras personas crean en otros dioses tu no debes hacer lo mismo.

No debemos hacer imágenes semejantes a cosas que estén en los cielos (los ángeles, el sol, la luna, las estrellas), ni en la tierra, ni en las aguas debajo de la tierra. Si acaso otros las hacen, nosotros nunca debemos inclinarnos a ellas, ni honrarlas ni alabarlas. Recuerda que Dios es celoso y no comparte su gloria ni su alabanza con nadie, excepto con su Hijo Jesús.

Los sacrificios a los ídolos (Éxodo 22:20) (Levítico 18:21; 20:2) (Deuteronomio 18:10-11): Todo tipo de prácticas o rituales ofrecida a los ídolos. Ofrendas para reverenciar los dioses falsos, en algunos de los casos se ofrecen alimentos, también actos sexuales inmorales, y más.

La Hechicería o **Brujería** (Miqueas 5:12) (Levítico 20:6, 27): Operaciones mágicas del hechicero. Capacidad para curar o hacer daño por medio de procedimientos y rituales mágicos. Las personas que practican la hechicería se valen de medios sobrenaturales de las fuerzas del mal.

La magia puede ser negra o blanca. La negra se produce por medio de maldiciones, encantamientos, destrucciones de modelos de la persona enemiga y alianzas con espíritus del mal. La blanca se usa para deshacer las maldiciones y encantamientos usando medios ocultos, y todo lo oculto desagrada a Dios.

Estas cosas no son supersticiones como muchos creen, sino que son realidades en las cuales el verdadero cristiano no debe involucrarse jamás. Es importante saber que las fuerzas del mal sólo deben ser combatidas por medio del poder de Dios y en el nombre de Jesús. Tampoco debemos confundir los hechos milagrosos de Dios por medio del poder del Espíritu Santo, con estos tipos de prácticas.

La desobediencia a la voluntad de Dios (Deuteronomio 28:15-28): Rebelarse o estar en contra de los estatutos de Dios. La desobediencia es pecado y siempre provocará el juicio justo de Dios.

La Mentira (Apocalipsis 21:8): Cosas que se dicen teniendo el conocimiento de que no son ciertas. El engaño, las calumnias, falsos testimonios, la falsedad, y la hipocresía son formas de mentir. No hay mentiras pequeñas, piadosas o blancas al fin de cuenta son mentiras. Los que practican la mentira son llamados mentirosos y los mentirosos desagradan a Dios y tendrán su parte en el lago que arde con fuego y azufre.

El Orgullo (Proverbios 8:13): Es lo contrario a humildad, es soberbia (Proverbios 13:10) Persona arrogante, altiva, engreída, presuntuosa, autosuficiente, jactanciosa, petulante. Es exceso de estimación propia, persona que se considera superior y mejor a los demás en todo lo que es y hace. Dios aborrece la soberbia. Fatuidad (Proverbios 17:12): Persona necia, insensata, y extravagante, que llega a lo ridículo.

Vanidad (Salmos 94:11): Persona que llega al deseo excesivo de ser alabado y considerado. Es persona ostentosa o que muestra mucho lujo y riqueza sin reflejar otra cualidad. El orgullo del rebelde es que rehúsa depender de Dios y sujetarse a Él, ya que entiende que no necesita a Dios.

Una persona con un alto orgullo deberá sufrir un gran quebrantamiento de corazón para ser transformado. Solo Dios puede transformar las personas, pero es necesario que reconozcamos cualquier pecado o mala cualidad delante de Dios y que nos pongamos en sus manos. Este proceso no es fácil, pero vale la pena pasarlo, ya que la recompensa es hermosa.

La Codicia (1 Timoteo 6:10) (Proverbios 1:19): Es el deseo excesivo de riqueza (avaricia), u otras cosas, como desear las posesiones del prójimo. La persona que desea de manera desmesurada lo que le pertenece a otro, está llena de envidia. Ganancias deshonestas y deseos egoístas, son consecuencia de la codicia. El amor al dinero es la raíz de todo mal. La codicia trae consigo todo tipo de actos pecaminosos, ya que esta hace perder los escrúpulos, con tal de obtener lo deseado.

La Fornicación (Hebreos 13:4): Es tener cualquier tipo de relación sexual, fuera del matrimonio. La unión libre es fornicación, el sexo entre novios es fornicación. **El adulterio**, que es serle infiel a tu pareja, es una forma de fornicación al igual que la prostitución, que es la prestación de servicios sexuales por dinero. Diversos actos de inmoralidad sexual son también considerados fornicación.

Homosexualidad (Levítico 18:22) (Romano 1:27): Relaciones sexuales entre personas del mismo sexo. La homosexualidad es consecuencia del rechazo al orden creado por Dios, que establece que Dios creó a la humanidad como hombre y mujer que debían procrearse en el contexto del matrimonio.

La homosexualidad es pecado y como tal desagrada a Dios. Esto no quiere decir que Dios no ame a los homosexuales, lo que Dios no ama es el pecado. Este como cualquier tipo de pecado es perdonado por Dios cuando la persona se arrepiente y se aparta del pecado, y al confesar al Hijo de Dios como su Señor obtiene la salvación como regalo de Dios.

El lesbianismo es **homosexualidad femenina**, o sea, relación sexual entre mujeres, tal práctica también es pecado. Es importante mencionar que el sexo anal entre parejas no es aprobado por Dios (Romanos 1:26), al igual que el sexo durante de periodo menstrual de la mujer (Levítico 18:19). Ambas prácticas son antihigiénicas y conllevan a la propagación de enfermedades.

Violación sexual (Génesis 34:2, 5) (Deshonra) (Amancillar): Relación sexual impuesta por la fuerza o violencia física o psíquica, que constituye no sólo un pecado, sino también un delito de parte de quien la efectúa.

Lascivia (Levítico 18): indecencia, libertinaje, pecado sexual. Persona con deseo sexual exagerado. Estas personas tienden a gustarle lo pornográfico y la depravación sexual. Tienen un instinto o inclinación antinatural en su comportamiento sexual. Podríamos incluir la lujuria que es el deseo y la actividad sexual desmedida, también podríamos agregar la inmoralidad sexual donde las personas tienen relaciones sexuales con familiareso animales.

Orgías: fiestas que se come y se bebe con exageración y se cometen otros excesos, especialmente de tipo sexual. Son desenfreno en la satisfacción de los deseos y pasiones. Podríamos llamarlas fiestas donde se practican todo tipo de pasiones desordenadas. Es la voluntad de Dios que vivamos una vida con balance (sin excesos).

Homicidio (1 Pedro 4:15): es la acción de matar a otra persona premeditadamente, también está el auto homicidioo suicidio.

Robar (Proverbios 22:22-23): apropiarse de lo ajeno, saquear, hurtar con violencia. Quitar algo que pertenece a alguien, por medios de la violencia o el engaño. Raptar a una persona también es robar.

Usar el nombre de Dios en vano (Éxodo 20:7): Es importante agregar también que usar el nombre de Dios en vano, es pecado. Algo vano quiere decir que carece de realidad, sustancia o entidad, carece de contenido. Es algo presuntuoso, frívolo e insustancial, ineficaz, infructuoso. Que no tiene fundamento, razón o prueba. En vano, sin necesidad, o justicia. Es cuando juras o prometes falsamente. Es pecado que jures usando el nombre de Dios en algo que sabes que no es cierto o que no tienes seguridad de que es cierto.

Rechazar la gracia de Dios (Juan 3:36): los que escuchan la palabra de Dios, que es el evangelio de Cristo. Los que rechazan y no creen en Jesús el Hijo de Dios, traerán condenación a sus vidas, ya que la ira de Dios está sobre aquellos que no creen en su Hijo.

Otras cualidades o hechos que desagradan a Dios y te llevan al pecado (Gálatas 5:19-21) (Colosenses 3:8):

Injusticia, griterías, pleitos, ira, enojo, engaño, contiendas, disensiones, palabras deshonestas, chismes, murmuraciones, queja, criticas, maledicencias (malas palabras), malicia, malos deseos, malos pensamientos, dudas, venganzas, celos, crueldad, truhanerías, odio, envidia, egoísmo, falta de dominio propio, de honestidad, de fe, de humildad, de perdón, y de amor, mala actitud, maltrato a los demás, abusos, desanimo, impaciencia, rebeldía, hipocresía, manipulación, enemistades, amargura, extravagancias, borracheras y glotonerías.

Todas estas cosas debemos desecharlas en el nombre de Jesús. Tan pronto el deseo, la necesidad o el pensamiento llegue a nuestra mente, debemos llevarlo cautivo a la obediencia de Cristo (2 Corintios 10:5). *Echa sobre Jehová tu carga y Él te sustentara; no dejara para siempre caído al justo* (Salmos 55:22).

En su totalidad todo lo que es pecado desagrada a Dios. Dios nos ama inmensamente, pero de ninguna manera ama el pecado. Por esta razón Dios nos da la oportunidad de arrepentirnos de nuestros pecados y establecer una relación con Él a través de su hijo Jesús. Es la voluntad de Dios darnos un nuevo comienzo, un nuevo nacer, una esperanza de vida abundante y vida eterna en Jesús.

Si sientes la necesidad de un cambio, este es el momento no esperes más. No son los que te rodean que deben cambiar eres tú, comienza ahora.

PARTE 2

DIOS ES JUSTO

Los juicios de Jehová son verdad, todos son justos.
(Salmos 19:9)

DIOS ES EL juez de toda la tierra (Génesis 18:25). Es un Dios de justicia (Malaquías 2:17). Como creador soberano del universo, Dios es Justo, integro, perfecto, recto y no se equivoca. En su Justicia, Dios planea restablecer, restaurar su creación. Por esto la Biblia establece la ira de Dios como el juicio contra el mal.

El juicio de Dios no significa que Él impone su poder u autoridad, sino que está ligado al carácter misericordioso, justo, y veraz de Dios (Salmos 36:5). El juicio de Dios se trata del desenvolvimiento de la misericordia y la ira de Dios sobre la historia, y en la vida y la experiencia humana.

El juicio está asociado con Jesús, el Hijo de Dios, donde todo aquel que no crea será juzgado. Habrá un juicio futuro y definitivo que acompañará el regreso de Jesús, donde Jesús mismo será el juez y todos los hombres serán juzgados, no faltara nadie a este gran juicio, llamado el juicio final (Apocalipsis 20:11-15). Hasta los ángeles serán juzgados (Judas 6).

Todos los aspectos de nuestras vidas serán juzgados, todos nuestros secretos y las intenciones del corazón, toda palabra ociosa, tus actos, los cuales Dios conoce (Hebreos 4:13). No sólo los incrédulos serán juzgados, sino también los creyentes. No habrá forma de escapar de este juicio.

Solo aquellos que confiesen sus pecados alcanzaran misericordia (Proverbios 28:13). Pero esto debe de ser mientras tengan la oportunidad, ya que si no arreglaste tus cuentas antes de morir, el día de juicio resucitaras para condenación eterna. No es Cierto que tendrás oportunidad después de la muerte ya que está establecido que muramos una sola vez y luego de esto el juicio (Hebreos 9:27).

Dios tiene el poder de condenar o salvar y es Él quien ha establecido que sólo en su Hijo Jesucristo haya salvación (Hechos 4:12). En estos tiempos el juicio de Dios se vincula con los juicios futuros del día de la ira del Señor, esto no quiere decir que sus juicios se limitan sólo al futuro, sino que ya están obrando en la vida del hombre en la época actual.

Dios es justificador (Hechos 13:38-39): Justificar es lo opuesto de condenar. Dios es el defensor de los oprimidos de toda la tierra, por esto Dios envió a su Hijo a los oprimidos para justificarnos y regalarnos la vida eterna por medio de la fe en su Hijo Jesús. El hombre por naturaleza no es justo (Salmo 14:3), sólo Dios puede hacer al hombre Justo, por lo tanto pídele a Dios que te enseñe a ser una persona justa para gloria de su nombre.

Dios es condenador (Proverbios 12:2): En Él está el poder y la sabiduría, por lo tanto en sus manos está el salvar o condenar conforme a su justicia, Dios sabe lo que merece cada ser viviente. De Dios es la venganza y Él dará a cada uno como merece, Dios no puede ser burlado (Gálatas 6:7).

Pero Jehová permanecerá para siempre;
Ha dispuesto su trono para juicio.
Él juzgará al mundo con justicia,
y a los pueblos con rectitud
(Salmos 9:7-8).

¿CÓMO OBRA DIOS?

Grandes son las obras de Jehová, buscadas de todos los que las quieren. Gloria y hermosura es su obra, y su justicia permanece para siempre.
(Salmos 111:2-3)

DIOS NO ES caprichoso sino que actúa en forma coherente con su carácter justo y su voluntad revelada. Dios es Justo, su voluntad es justa, sus estatutos son justos y sus juicios son justos. Todo lo que viene de Dios es justo, y todo lo permitido por Dios es justo. En su justicia Dios actúa pasiva y activamente.

Acción activa de Dios (Salmo 135:5-12): Cuando hablamos de la voluntad, la justicia o el hecho activo de Dios, queremos decir que Dios está haciendo que ocurran, que está interviniendo de manera Directa en ese hecho. Las bendiciones son parte de la acción activa de Dios.

Acción pasiva de Dios (Hechos 14:16): Cuando hablamos de la voluntad, la justicia, o el hecho pasivo de Dios, queremos decir que Dios no está intervenido en el hecho de manera directa, pero que Él dentro de su soberanía y sabiduría perfecta ha permitido que ocurran estos hechos.

Por ejemplo todas las cosas malas que pasan en la tierra son consecuencia del pecado, son realmente provocadas por el hombre que al pecar le otorga el permiso a Satanás de que entre en su vida con el único propósito de destruirla. Estas cosas no son hechas por Dios, son hechas por el maligno, pero son permitidas por Dios en su justicia que es perfecta.

¿A TRAVÉS DE QUIÉNES OBRA DIOS?

DIOS OBRA A través de seres humanos (Mateo 25:35-40): Puesto que Dios es Espíritu, para Dios obrar es necesario que haya personas dispuestas a ser participantes de su obra. Dios nos usa para gloria de su nombre, el crédito es siempre de Él.

Es decisión de Dios como quiere usarnos y en que quiere usarnos, Él pondrá en nosotros lo necesario para que se lleve a cabo su voluntad. Si eres una persona que tiene el deseo de servirle a Dios es porque ya Él lo ha puesto en tu corazón. Solo dile aquí estoy dispuesto a servirte, y Dios te hará saber en que, para que, donde o con quien quiere usarte.

Ten presente que Dios no comparte su gloria con nadie. Por lo tanto, cuando hagas algo para Dios, dale la gloria a Él y deja que Él decida cómo quiere bendecirte. Puedes estar seguro de que Dios te recompensara de manera justa y abundante.

Dios obra a través de sus ángeles (Génesis 19:1 y 21:17): Hay cantidades de historias bíblicas que nos aseguran que los ángeles de Dios trabajan tanto desde el cielo como en la tierra. Estos trabajan por orden de Dios y a favor de los hombres.

Los ángeles son mensajeros de Dios, pueden ser enviados para proteger, y ayudar, según sea la voluntad de Dios. Es importante saber que los ángeles no pueden ser adorados y que nuestras peticiones nunca deben ser dirigidas a ellos, sino a Dios. Recordemos que sólo hay un mediador entre Dios y el hombre, **Jesús**, el Hijo de Dios.

Aunque los ángeles son espíritus, hay personas que Dios a capacitado para que puedan verlos y hablarles, Por lo tanto no te sorprenda si alguien te dice que ha visto o hablado con un ángel. Dice la palabra que: *El ángel de Jehová acampa alrededor de los que le temen y los defiende* (Salmos 34:7).

Dios no debe ser cuestionado en su manera de obrar (Daniel 4:35): Nada de lo que Dios hace o permite esta fuera de su Justo juicio. Dios en su omnisciencia conoce todos los hechos y pensamientos. Hay personas que a la vista del hombre parecen buenas pero su corazón está lleno de maldad.

Hay hechos que ocurren en lo oculto, en el silencio y no son del conocimiento del hombre, pero para Dios todo es conocido. Dios todo lo juzgara lo bueno y lo malo.

Aunque Dios le regale la salvación a muchos a través de Jesús, aun así nos juzgará por nuestras obras sean buenas o sean malas y dará a cada uno lo que merezca. No está bien cuestionar a Dios y menos dudar de Él, debemos confiar en Dios. Él a su tiempo hará justicia justa.

DIOS JUZGARÁ A SU PUEBLO

Pues conocemos al que dijo: Mía es la venganza
yo daré el pago, dice el Señor.
Y otra vez: El Señor juzgara a su pueblo.
¡Horrenda cosa es caer en manos del Dios vivo!
(Hebreos 10:30-31)

Los que hayan sido salvos a través de Jesús, los que sus nombres estén inscritos en el libro de la vida del cordero (Jesús), estos también serán juzgados por Jesús. (Debes de saber que hay condiciones y hechos por los cuales tu nombre puede ser borrado del libro de la vida [Apocalipsis 22:19]).

El pueblo de Dios será juzgado de acuerdo a lo que hayan hecho con los dones que se les dieron para la obra del Señor, las oportunidades, y responsabilidades que se le hayan dado en el tiempo de su caminar con Jesús. Aunque Dios tendrá misericordia de sus siervos, aun así también serán juzgados. Pero "¡Ay de aquellos que pequen deliberadamente, su castigo será mayor!" (Hebreos 10:26-29).

Dios sabe quiénes conociendo su voluntad no la hacen, o quiénes tienen la capacidad de cumplirlas y no la cumplen. Él conoce a los falsos cristianos y todo lo que ellos hacen. Él conoce los mentirosos, y avaros que se están enriqueciendo con la fe de su prójimo. De nada les servirá lo que atesoran aquí en la tierra porque a fin de cuentas todo pertenece a Dios y de nada le servirá a la hora del juicio ya que la misericordia de Dios no se compra ni se vende, y cuando mueran se irán con las manos vacías. Dios conoce los que fingen piedad y justicia, Dios sabe de lo que están llenos sus corazones.

Dios conoce a los falsos maestros, los falsos profetas, los que quitan y ponen a la palabra de Dios. Los que son piedra de tropiezo a sus hermanos. A los calumniadores y a los que están más preocupados por agradar el ojo del hombre que a Dios. Los que sólo anda buscando posición y ser reconocidos por el hombre.

Los que se roban la gloria de Dios, al igual que lo se roban los diezmos y las ofrendas. Dios es fuego consumidor (Hebreos 12:29). Dios conoce los que hacen caer a los más pequeños en la fe, a los que consiguen posiciones con engaños, a los que tienen un pasado oculto y los que llevan doble vida. Nadie puede esconderse de Dios (Jeremías 23:24).

Dios conoce los que han caído y están encubriendo su pecado. Los que han sido infieles a su pareja, los que tienen sus mentes llenas de malos deseos, los de ojos pervertidos, los de lengua mentirosa, los que se revuelcan en el lodo cuando creen que nadie los ve. Los falsos pastores, que juzgan injustamente, que imponen cargas pesadas a sus ovejas, e imponen disciplina que ellos mismos no cumplen.

Arrepiéntete mientras estés a tiempo, y no olvides que llega un momento donde Dios desecha (1 Samuel 15:23). Haríamos bien en no poner a prueba el amor y la misericordia de Dios, recuerda que Dios no puede ser tentando. De igual manera haríamos bien en temer a Dios, porque Dios es fuego consumidor, Dios no puede ser burlado.

Dios juzgará a las naciones

Y serán reunidas delante de Él todas las naciones;
Y apartará los uno de los otros, como aparta el pastor las ovejas de los cabritos. E Irán éstos al castigo eterno, y los justos a la vida eterna.
(Mateo 25:32 y 46)

El hombre debe de estar consciente de que un día será juzgado por Dios, algún día deberá rendir cuenta por su vida y sus decisiones. Es tiempo de que el hombre tome conciencia del estado en que vive delante de Dios. Que trate de conocer su voluntad y seguirla. El hombre vive envuelto en un nido de mentiras y excusas para justificar sus malos hechos, pero debes saber que en aquel día nadie, absolutamente nadie tendrá una excusa delante de Dios.

La Biblia establece que habrá un castigo eterno, dice que en el día del juicio todo aquel que su nombre no se halle inscrito en el libro de la vida será echado a un lago de fuego (Apocalipsis 20:15). Los cobardes e incrédulos, los abominables y homicidas, los fornicadores y hechiceros, los idólatras y todos los mentirosos tendrán su parte en el lago que arde con fuego y azufre, que es la muerte segunda (Apocalipsis 21:8).

El Juez de toda la tierra obrara bien. Dios ha establecido un día para juzgar el mundo de manera correcta y perfecta. Todos tendrán que cerrar la boca y admitir, reconocer, que sus juicios son justos y verdaderos.

Nadie podrá justificarse delante de Dios. Los hombres justos de la tierra, los que hayan creído a Jesús, el Hijo de Dios y lo hayan confesado como su Señor, los que confían en Dios y no desviaron su caminar, podrán descansar con seguridad y tranquilidad, porque saben que Dios todo lo sabe, que a Dios no se la puede engañar, y que a su tiempo obrara con justicia.

El Justo, el que ha guardado la palabra de la fe de Cristo y no ha corrompido su caminar delante de Dios, dormirá tranquilo porque sabe que el que ha prometido es Dios fiel y que algún día lo resucitara para recibir su herencia y la vida eterna (Daniel 12:13).

PARTE 3

DIOS ES AMOR

Porque de tal manera amó Dios al mundo, que ha dado a su hijo unigénito, para que todo aquel que en Él cree, no se pierda, mas tenga Vida Eterna.
(Juan3:16)

JEHOVÁ NO SÓLO es un Dios de amor, sino que Él es amor. Es un Dios afectuoso, clemente y compasivo. El amor de Dios es eterno, y excede todo conocimiento.

LA MUESTRA MÁS GRANDE DE AMOR

Tal vez hayas escuchado hablar de esto antes pero de todos modos te escribiré de ello, aunque será en forma breve, ya que en mi libro **"Conoce a Jesús el hijo de Dios"** te hablaré del plan de salvación de Dios a través de su hijo y todo lo que a **Jesús** respecta. Aunque Dios muestra su amor en múltiples forma quiero hablarte de la expresión más alta, más grande, del amor de Dios (Romanos 5:8).

Como lo expresa claramente el verso bíblico mencionado arriba, Dios, por amor, elaboró un plan de salvación para la humanidad. Dios en su amor y misericordia mandó a su único hijo **Jesús**, quien obedeció en todo hasta su muerte, para salvación de muchos.

El propósito de Dios al crearnos era que viviéramos eternamente, pero el primer hombre, Adán, creado por Dios, pecó (desobedeció a Dios). Esto ocasionó la caída del hombre, y toda su descendencia. Como consecuencia del pecado, la muerte entró en el mundo y en todos los hombres.

La muerte reinó desde Adán hasta el profeta de Dios, Moisés. Luego le fue dada la ley al pueblo de Dios a través de Moisés, pero por medio de la ley, el pecado abundó. Más por causa de **Jesús** sobreabundó la gracia, que entre otras cosas es el regalo de Dios de vida eterna a todo aquel que crea y confiese a **Jesús** como su **Señor** y **Salvador** (Romanos 5:12-21).

En otras palabras la tierra estaba llena de pecado y como consecuencia gobernada por Satanás. La humanidad no tenía esperanza, pero Dios mandó a Jesús quien siendo perfecto en todo se dio a sí mismo en sacrificio. Como resultado Dios padre otorgó a su Hijo Jesús, poder.

Aunque todavía el mundo está parcialmente bajo el gobierno de Satanás tenemos esperanza ya que Dios ha prometido que todo aquel que tenga fe en su hijo y lo confiese como su Señor alcanzará salvación y restauración.

Es decisión de cada uno de nosotros arrepentirnos de nuestro mal camino, y ponernos en manos de Jesús para recibir las promesas de Dios, las cuales son seguras porque Dios es un Dios fiel que no miente.

Mensaje de Dios para esta Nación

Escribir esto me hace recordar con gran tristeza unas de las razones por la que mi Señor me envió a Estados Unidos, y siento en mi corazón compartirla contigo.

Llegue por primera vez a este país en el año 1994 y en el año 2007 regrese a mi país Republica Dominicana, con el propósito de establecerme allá, junto con mis cuatro hijos y mi esposo. Esto sólo estaba en mis planes, pero no en los del Señor ya que al cabo de once meses me mandó de regreso a este país con propósitos específicos.

No creas que esto fue tan sencillo como lo digo ya que aunque yo estaba convencida y dispuesta a obedecer a mi Señor, las cosas no fueron tan fáciles con mi esposo y familiares, que murmuraban a mis espaldas acerca de mi locura, lo cual recuerdo y me hace sonreír ya que yo los entendía. Ciertamente el Señor nos pide cosas que al hombre natural parecen locuras, pero el hombre de Dios que es obediente las hace, porque sabe que Dios no lo dejara quedar en vergüenza. Para ellos era imposible entender mi relación con Dios, ya que una relación con Dios sólo puede ser entendida y vista espiritualmente.

Quiero ser sincera y decirte que obedecer a Dios no siempre resulta tan fácil. Aunque mi vida y mi corazón estuvieron en una constante y permanente paz, me costó mucho lograr obedecer a Dios especialmente por mi condición económica y mi condición de mujer esposa y mujer madre. Me costó pero finalmente en Septiembre 20, 2008, regresé con mis niños a la ciudad de New York.

En esta misma semana de septiembre el Señor me dio el mensaje para esta nación y me pidió que lo enviara a diferentes autoridades del país. De esta misma manera lo hice y aunque prácticamente fui ignorada no me he rendido. En este libro lo compartiré contigo y es el siguiente:

"Me dijo Jehová; del Norte se soltara el mal sobre todos los moradores de esta tierra, y a causa de toda su maldad, proferiré mis juicios. Vuélvete dice Jehová; no haré caer mi ira sobre ti, porque misericordioso soy yo; dice Jehová. No guardare para siempre mi enojo.

"Reconoce, pues tu maldad, porque contra Jehová tu Dios has pecado. Conviértete, Nación rebelde, dice Jehová. Arrepiéntete y conviértete ciudad de New York, arrepiéntete Estados Unidos, para que tus pecados te sean perdonados, porque Jehová tu Dios apresura su palabra para ponerla por obra".

Este mensaje es tan cierto como el aire que estas respirando en este momento y por esto siempre lo recuerdo con tristeza. He orado incansablemente por esta nación y sé que muchos están orando por ella. En una de esas ocasiones que oraba al Señor al respecto de este mensaje y le rogaba y le pedía misericordia para esta nación y le preguntaba ¿Señor que haremos si nadie me escucha, para que se arrepientan y tú los salves? Y su sola respuesta fue **"Cuando hay Diluvio hay Salvación".**

Ruego para que entiendas que el pecado es la raíz de todo mal. Para que entiendas que Dios te ama y no quiere que perezcas, Él quiere salvarte. Esta salvación puede ser sólo a través de su hijo **Jesús**. No importa lo que hayas hecho, no importa tu condición actual, sólo reconoce tu condición delante de Dios y cree en el hijo de Dios y decláralo como tu Señor para que no perezcas en el juicio que ha de venir, y no sólo a esta nación sino a todas las naciones del mundo, porque Dios a su tiempo juzgara el mundo entero. Dios es un Dios Justo.

Si crees en el Señor **Jesús**, si crees en tu corazón que Dios le levanto de los muertos, pero nunca lo has declarado con tu boca. Si nunca has hecho una declaración de Fe, te invito a hacerla en este momento. Solo repite esta oración en voz alta y serás salvo.

Señor en este momento me presento ante ti
reconociendo mi condición de pecador,
creo con mi corazón que Jesús es tu hijo,

que Tú lo resucitaste de entre los muertos.
Desde este momento lo declaro como el Señor
de mi vida por lo tanto a través de Él,
recibo la salvación como regalo tuyo.
Enséñame todo lo que necesito aprender, para que
nada me aparte de ti. En el nombre de Jesús,
Amén

Si has hecho esta confesión de fe con todo tu corazón, entonces puedes declarar tu salvación. Si te has arrepentido de todos tus pecados de todo corazón, entonces puedes declarar que Dios te ha perdonado a través del sacrificio que hizo Jesús, el Hijo de Dios, en la cruz (su sangre te ha limpiado).

Tu nombre ha sido inscrito en el libro de la vida y los ángeles del Dios altísimo celebran en el cielo tu salvación. Ahora comienzas una nueva vida y un nuevo caminar con Cristo, Dios te ha sellado con su Espíritu santo y este te guiara a toda verdad. Dios nos guiara aun más allá de la muerte (Salmos 48:14).

RECUERDA

El que encubra sus pecados no prosperara;
Mas el que los confiesa y se aparta, alcanzará misericordia.
(Proverbios 28:13)

DIOS DESTRUIRÁ TODO sistema corrupto en la tierra y establecerá su reino (Apocalipsis 21 y 22). En el reino de Dios no existirá el pecado, ni la muerte, no habrá enfermedad, lagrimas, llanto, clamor, ni dolor. No habrá injusticia. Será un reino gobernado por su Hijo amado, **Jesús**, donde reinara la paz y el amor por siempre.

Dios promete Cielo nuevo y Tierra nueva. No habrá más maldición. El engañador, Satanás será lanzado en el lago de fuego y azufre al igual que la muerte, el hades y todo aquel que su nombre no esté inscrito en el libro de la vida (Apocalipsis 20:10).

"PACTO DE DIOS CON LOS QUE CREEN"

Este es el pacto que haré con ellos.
Después de aquellos días, dice el Señor:
Pondré mis leyes en sus corazones,
y en sus mentes las escribiré. Añade: Y nunca más
me acordare de sus pecados y transgresiones.
(Hebreos 10:16-17)

ES PROMESA DE Dios que cuando declares a su Hijo Jesús como tu Señor, cuando te arrepientas, confieses tus pecados delante de Dios y te apartes de tus pecados, no sólo te perdonará sino que se olvidara de ellos. De manera que si somos sin pecado delante de Dios (hemos sido perdonados), entonces nuestra relación con Él se restablecerá.

El Hijo de Dios pagó un precio de sangre (Colosenses 1:14), murió en la cruz, sin pecado alguno (Lucas 23:41) por todo aquel que quiera reconciliarse con Dios (Colosenses 1:20-23). Ven a Cristo y serás trasladado del reino de las tinieblas (el gobierno de Satanás en el mundo) al reino del Hijo de Dios, Jesús (Colosenses 1:13).

Ruego a Dios en el nombre de su Hijo amado Jesús, para que tu entendimiento y tus ojos sean abiertos en esta hora y que el Espíritu Santo de Dios traiga convicción y arrepentimiento a tu corazón, a tu vida y recibas a Cristo como tu Señor, para que seas salvo y escapes del juicio venidero y para que tu relación con Dios sea restablecida, que puedas tener una relación intima y personal de Padre a hijo con Dios a través de su Hijo que es el camino, que vivas una vida plena y en paz, que es la voluntad de Dios.

Exhortación

Fíate de Jehová de todo tu corazón, y no te apoyes
en tu propia prudencia. Reconócelo en todos
tus caminos, y Él enderezará tus veredas.
No seas sabio en tu propia opinión;
Teme a Jehová y apártate del mal; porque será medicina
a tu cuerpo, y refrigerio para tus huesos.
(Proverbios 3:5-8)

REFERENCIAS

La Santa Biblia. Antiguo y Nuevo Testamento. Antigua Versión de Casidoro de Reina (1569), Revisión de 1960. (RVR).

Diccionario Bíblico Ilustrado Holman. Edición General: S. Leticia Calcada. ISBN: 978-0-8054-9490-7

Nuevo Diccionario Bíblico Certeza (Segunda edición). Ediciones Certeza Unida.

El Pequeño Larousse Ilustrado. Diccionario Enciclopédico 2007. Ediciones Larousse, S. A. de C.V. (Decimotercera Edición).

www.ingramcontent.com/pod-product-compliance
Lightning Source LLC
LaVergne TN
LVHW020653100826
845148LV00012B/2464
* 9 7 8 9 8 7 1 5 8 1 6 6 5 *